Dannedd!
a dramâu eraill

I gyd-fynd â Taith Iaith 1

Zohrah Evans

Cyhoeddwyd gan **Y Ganolfan Astudiaethau Addysg**, Aberystwyth gyda chymorth ariannol Awdurdod Cymwysterau, Cwricwlwm ac Asesu Cymru.
Gwefan: www.caa.aber.ac.uk

ISBN: 1 84521 015 8
ISBN: 1 84521 018 2 (set)

Golygwyd gan Fflur Pughe a Non ap Emlyn
Dyluniwyd gan Richard Huw Pritchard

Diolch i Aled Loader, Luned Ainsley, Ann Lewis, Angharad Evans, Gwenan Nicholas a Dafydd Roberts am eu harweiniad gwerthfawr.

Argraffwyr: Gwasg Gomer

Cynnwys

Ysgol newydd

Cymeriadau:
Tim a Megan – efeilliaid 12 oed
Mrs Parry – mam yr efeilliaid
Pennaeth yr ysgol
Daniel – Prif Fachgen yr ysgol

*(Mae Tim a Megan a Mrs Parry yn mynd
i mewn i ystafell y pennaeth.)*

Pennaeth: Croeso i Ysgol y Bryn.

Mrs Parry: Diolch yn fawr.

Pennaeth: Croeso i chi, Megan a Tim.

Megan a Tim: Diolch.

Pennaeth: I ba ysgol gynradd aethoch chi, 'te?

Megan: Aethon ni i ysgol gynradd yn Ffrainc.

Pennaeth: Wel, wel . . . ac rydych chi'n siarad Cymraeg.

Megan: Mae Mam yn siarad Cymraeg gyda ni.

Pennaeth: Da iawn. Reit, rydych chi yn nosbarth Mr
Rees, Ffrangeg.

(Mae cnoc ar y drws.)

Pennaeth: Dewch i mewn.

Daniel: Syr . . .

Pennaeth: A, Daniel, dewch i mewn. Dyma Daniel,
Prif Fachgen yr ysgol. Daniel, dyma Megan a Tim,
dau ddisgybl newydd.

Megan/Tim/Daniel: Helo. / Haia. / Helo 'na.

Pennaeth: Daniel, dangoswch yr ysgol i Megan a Tim, os
gwelwch yn dda. Rydw i eisiau siarad â Mrs Parry.

Daniel: Iawn.

*(Mae Megan, Tim a Daniel yn cerdded yn y
coridor.)*

Daniel: I ba ysgol gynradd aethoch chi 'te?

Tim: Aethon ni i ysgol gynradd yn Ffrainc.

Daniel: Ble?

Tim: Ger Bordeaux.

Daniel: Bordeaux? Ffrainc?

Tim: Ie. Ond rydyn ni'n byw yn 9 Bryn Gwyn nawr, felly
rydyn ni'n dod i'r ysgol yma.

Daniel: O, iawn. Tim, beth wyt ti'n hoffi yn yr ysgol?

Tim:	Chwaraeon. Rydw i'n hoffi chwarae pêl-droed a rygbi.
Daniel:	Mae clwb pêl-droed a rygbi yn yr ysgol. Mae clwb cerddoriaeth, clwb celf, clwb Cymraeg, clwb gwyddoniaeth a chlwb dawnsio yma hefyd.
Tim:	Gwych!
Daniel:	Megan, beth wyt ti'n hoffi?
Megan:	Rydw i'n hoffi Ffrangeg a drama.
Daniel:	Mae clwb drama yma hefyd.
Megan:	Gwych. Beth am yr athrawon?
Daniel:	Mae rhai athrawon yn neis iawn . . . ond mae un athro ofnadwy.
Tim:	Ofnadwy? Pam?
Daniel:	Mae e'n llym iawn, iawn.
Megan:	Pwy?
Daniel:	Mr Rees, Ffrangeg.
Megan:	Mr Rees, Ffrangeg? O na! Rydyn ni yn nosbarth Mr Rees, Ffrangeg. Help! Rydw i eisiau mynd yn ôl i'r ysgol yn Ffrainc.

Ar lan y môr

Cymeriadau:

Pedwar ffrind: Lisa
                            Tom
                            Josh
                            Donna

(Mae'r pedwar ar y traeth.)

Lisa: Rydw i wrth fy modd ar y traeth.

Josh: Beth wyt ti'n hoffi wneud ar y traeth 'te?

Lisa: Rydw i'n hoffi chwarae pêl-foli . . . rhedeg ar y traeth . . . nofio . . . syrffio a . . .

Tom: Mae Lisa'n dda am wneud popeth!

(Mae pawb ond Lisa'n chwerthin.)

Josh: Wel, dydw i ddim yn hoffi eistedd ar y traeth. Beth am nofio?

Donna: Neu beth am gael hufen iâ?

Tom: Neu beth am fynd i rwyfo? Beth am logi cwch rhwyfo?

Donna: Syniad gwych.

Lisa:	Cwch rhwyfo? Diflas iawn. Rydw i wrth fy modd yn gwneud pethau cyffrous fel dringo, syrffio a nofio. Dydw i ddim yn hoffi rhwyfo achos mae'n araf a diflas.
Josh:	Wel, mae Tom a Donna a fi eisiau mynd i rwyfo. Wyt ti'n dod?
Lisa:	O, iawn! Ond mae'n ddiflas iawn!

* * *

Tom:	Ydy pawb yn hapus?
Josh:	Ydy pawb yn gwisgo siaced achub?
Lisa:	Mae'n gas gyda fi gwch rhwyfo. Rhywbeth i blant bach ydy cwch rhwyfo.
Donna:	Rydw i wrth fy modd. Rydych chi'n rhwyfo'n dda iawn, Tom a Josh!
Tom / Josh:	Diolch.
Tom:	Wel, Lisa, wyt ti'n mwynhau?
Donna:	Lisa, rwyt ti'n edrych yn ofnadwy.
Josh:	Lisa, wyt ti'n iawn?

(Mae Lisa'n sâl.)

Donna: Hy! "Rhywbeth i blant bach ydy cwch rhwyfo! Rydw i wrth fy modd yn gwneud pethau cyffrous!" Dwyt ti, Lisa, ddim yn hoffi mynd mewn cwch, nac wyt ti!

(Mae'r tri yn chwerthin.)

Pwy ydy'r lleidr?

Cymeriadau:

Storïwr
Cwnstabl Huws
Mr John Evans – mae e'n gweithio yn y caffi
Ceri Davies ⎫
⎬ dau ffrind yn y caffi
Morgan Jones ⎭

Storïwr: Mae Mr Evans yn gweithio mewn caffi yn y Stryd Fawr. Mae lleidr yn dod i mewn ac mae e'n dwyn arian. Mae Mr Evans yn ffonio'r heddlu. Mae Cwnstabl Huws yn dod i'r caffi. Mae e'n gofyn cwestiynau am y lleidr.

Cwnstabl Huws: Ble mae Mr Evans?

Mr Evans: Dyma fi.

Cwnstabl Huws: Helo, sut mae?

Mr Evans: Iawn, diolch.

Cwnstabl Huws: Reit, rydw i eisiau gwybod am y lleidr yma. Disgrifiwch y lleidr, os gwelwch yn dda.

Mr Evans: Wel . . . mmm . . . dyn tenau, gyda mwstash du . . . yn gwisgo cap brown ac anorac llwyd, rydw i'n meddwl. Dydw i ddim yn cofio'n dda iawn.

(Mae Cwnstabl Huws yn ysgrifennu yn ei lyfr nodiadau.)

Storïwr: Mae Mr Evans mewn sioc. Dydy e ddim yn cofio'n dda iawn. Ydy Ceri a Morgan yn cofio'r lleidr?

(Mae Cwnstabl Huws yn siarad â Ceri.)

Cwnstabl Huws: Pwy wyt ti?

Ceri: Ceri Davies ydw i.

Cwnstabl Huws: Ble wyt ti'n byw?

Ceri: Yn 9 Stryd y Fron.

Cwnstabl Huws: Faint ydy dy oed di?

Ceri: Rydw i'n un deg dau oed.

Cwnstabl Huws: I ba ysgol wyt ti'n mynd?

Ceri: Ysgol y Fron.

Cwnstabl Huws: Reit, disgrifia'r lleidr.

Ceri: Wel . . . mmm . . . dyn tal, gyda gwallt melyn.

Cwnstabl Huws:	*(yn ysgrifennu nodiadau)* . . . tal . . . gwallt melyn . . . Wyt ti'n siŵr?
Ceri:	Ydw.
Cwnstabl Huws:	Faint ydy oed y dyn yma?
Ceri:	Tua dau ddeg, rydw i'n meddwl.
Cwnstabl Huws:	Beth am ddillad y lleidr?
Ceri:	Wel, rydw i'n meddwl bod y dyn yn gwisgo siwmper goch, trowsus du a sbectol.
Cwnstabl Huws:	Diolch, Ceri.
	(Mae Cwnstabl Huws yn siarad â Morgan.)
Cwnstabl Huws:	Pwy wyt ti?
Morgan:	Morgan Jones ydw i, ffrind Ceri.
Cwnstabl Huws:	Ble wyt ti'n byw?
Morgan:	Yn 5 Ffordd yr Afon.
Cwnstabl Huws:	Faint ydy dy oed di?
Morgan:	Rydw i'n un deg tri oed.

Cwnstabl Huws:	I ba ysgol wyt ti'n mynd?
Morgan:	I Ysgol y Fron.
Cwnstabl Huws:	Reit, disgrifia'r lleidr.
Morgan:	Wel . . . mmm . . . dyn bach gyda gwallt du . . . yn gwisgo crys denim a jîns denim.
Cwnstabl Huws:	*(yn ysgrifennu nodiadau)* . . . dyn bach gyda gwallt du . . . yn gwisgo crys denim a jîns denim . . . Wyt ti'n siŵr?
Morgan:	Ydw, rydw i'n berffaith siŵr.
Cwnstabl Huws:	Faint ydy oed y lleidr?
Morgan:	Wel, rydw i'n meddwl bod y lleidr tua pedwar deg oed.
Storïwr:	Yn Swyddfa'r Heddlu, rhaid i Gwnstabl Huws wneud poster mawr, gyda llun o'r lleidr. Felly, mae e'n eistedd wrth y ddesg ac mae e'n darllen y nodiadau.

Cwnstabl Huws: *(Mae e'n dechrau ar y poster.)*

Yn eisiau . . .
Mae'r heddlu'n chwilio am ddyn tenau, gyda mwstash du . . .
yn gwisgo cap brown ac anorac llwyd . . .

---

*(Mae e'n edrych ar y nodiadau. Yna, mae e'n
croesi'r geiriau ar y poster allan ac yn dechrau eto.)*

Yn eisiau . . .
Mae'r heddlu'n chwilio am ddyn tal gyda gwallt melyn yn gwisgo
siwmper goch, trowsus du a sbectol . . .

---

*(Mae e'n edrych ar y nodiadau. Yna mae e'n
croesi'r geiriau ar y poster allan ac yn dechrau eto.)*

Yn eisiau . . .
Mae'r heddlu'n chwilio am ddyn bach gyda gwallt du . . .
yn gwisgo crys denim a jîns denim . . .

O help!

Ar y sgrîn

Cymeriadau:
Mr Davies – y pennaeth
Mr Rees – athro
Miss Fletcher – athrawes
Mr Hughes – y gofalwr
Mrs Jenkins – yr ysgrifenyddes

(Bore Gwener. Mae Mr Davies a Mrs Jenkins yn ystafell athrawon yr ysgol.)

Mr Davies: Bore da, Mrs. Jenkins.

Mrs Jenkins: Bore da, Mr Davies. Mae Mr. James a Miss Daniels wedi ffonio. Dydyn nhw ddim yn yr ysgol heddiw. Maen nhw'n sâl.

Mr Davies: O diar. Beth sy'n bod?

Mrs Jenkins: Dydw i ddim yn gwybod.

(Prynhawn Gwener. Mae Mr. Rees, Miss Fletcher, Mr. Hughes a Mrs. Jenkins yn yr ystafell athrawon.)

Mr Hughes: Wel, rydw i wedi blino. Rydw i wedi glanhau'r toiledau a'r neuadd, felly rydw i'n mynd i eistedd yma i wylio'r gêm!

Mr Rees: Syniad da!

Mr Hughes:	Mr Rees, ydych chi'n mynd i wylio'r gêm?
Mr Rees:	Wrth gwrs! Dydw i ddim yn dysgu ar brynhawn Gwener, felly rydw i'n mynd i wylio'r gêm hefyd. Ydych chi'n dod i wylio'r gêm, Mrs Jenkins a Miss Fletcher?
Mrs Jenkins:	Rydw i wedi gorffen teipio'r llythyrau, felly, rydw i'n gallu gwylio'r gêm hefyd.
Miss Fletcher:	A dydw i ddim yn dysgu ar brynhawn Gwener, felly rydw i'n gallu gwylio'r gêm hefyd.
Mrs Jenkins:	Pwy sy eisiau paned o de?
Pawb:	Fi. / Diolch. / Os gwelwch yn dda.
Mrs Jenkins:	Iawn . . . un funud.
Mr Hughes:	Prynhawn Gwener . . . rydw i'n hoffi prynhawn Gwener.
Miss Fletcher:	A fi . . . mae'n grêt!

Mrs Jenkins:	Dyma ni . . . te i chi Mr Hughes, ac i chi Mr Rees . . . ac i chi, Miss Jones . . . ac i fi.
	(Mae hi'n eistedd i lawr i yfed y te o flaen y teledu.)
	O, h-y-f-r-y-d!
Mr Rees:	Mrs Jenkins, beth sy'n bod ar Mr. James a Miss Daniels?
Mrs Jenkins:	Dydw i ddim yn gwybod. Maen nhw'n sâl.
Mr Hughes:	Sssssssshhhhhhhhh! Mae'r gêm yn dechrau.
	(Mae e'n gweiddi.)
	Cymru am byth! Cymru am byth!
Mr Rees:	Ie wir. Cymru am byth!
Mrs Jenkins:	O diar . . .
Miss Fletcher:	Beth sy'n bod?
Mrs Jenkins:	O diar!
Miss Fletcher:	Beth sy'n bod?

Mrs Jenkins: Edrychwch pwy sy'n sefyll yn y dorf!

Miss Fletcher: Pwy?

Mr Hughes: O diar!

Mr Rees: Mary Daniels a Tony James . . . yn y dorf . . . yng Nghaerdydd.

Miss Fletcher: Ond maen nhw'n sâl!

Mrs Jenkins: Dydyn nhw ddim yn sâl iawn os ydyn nhw yn y gêm! Wel, wir!

Mr Rees: Maen nhw'n lwcus!

Miss Fletcher: Peidiwch dweud wrth y pennaeth!

Gwisg ffansi

Cymeriadau:
Robin – bachgen 12 oed
Lois – merch 12 oed
Zac – bachgen 11 oed
Heidi – merch 11 oed
Dylan – bachgen 11 oed

Heidi:	Beth am drefnu parti Nadolig?
Pawb:	Syniad grêt!
Dylan:	Beth am barti gwisg ffansi?
Lois:	Ie, a phawb yn gwisgo fel rhywun mewn ffilm.
Robin:	Neu fel rhywun ar y teledu neu mewn stori.
Zac:	Syniad da! Ydyn ni'n mynd i gael bwyd yn y parti?
Dylan:	Ydyn . . . brechdanau, cŵn poeth, creision . . .
Zac:	A disgo?
Robin:	Grêt!
Dylan:	Pryd fydd y parti?

Lois:	Beth am ganol mis Rhagfyr? Beth am saith o'r gloch, Rhagfyr un deg pedwar, yma yn y Clwb Ieuenctid?

* * *

(Noson y parti yn y Clwb Ieuenctid)

Heidi:	Parti da!
Robin:	Ardderchog! Rydw i'n hoffi'r bwyd. Mae'r cŵn poeth yn flasus.
Heidi:	Paid bwyta gormod Robin!
Dylan:	Bethan, wyt ti wedi gweld Zac?
Heidi:	Nac ydw.
Dylan:	Robin, wyt ti wedi gweld Zac?
Robin:	Nac ydw.
Zac:	Dyma . . .
Lois:	Rydw i'n hoffi'r wisg, Robin. Rwyt ti'n edrych yn dda fel yr *Incredible Hulk*.
Robin:	Diolch Lois. Rwyt ti a Heidi yn edrych yn dda fel y ddwy chwaer hyll!

Lois: Paid bod yn gas! *Wonderwoman* ydw i a seren bop ydy Heidi.

Heidi: Ond ble mae Zac? Ydy e yn y parti?

Zac: Rydw i . . .

(Does neb yn nabod Zac yn ei wisg Spiderman)

Dylan: Ydy e'n sâl?

Robin: Dydy e ddim yn hoffi parti gwisg ffansi, efallai.

Zac: Ond . . .

Lois: Dewch i ddawnsio! Mae'r disgo'n dechrau nawr!

Heidi: Iawn.

Robin: Hei, pwy ydy *Spiderman?*

Heidi: Dydw i ddim yn gwybod.

(Mae pawb yn dawnsio. Mae Zac yn sefyll yn y gornel.)

Zac: Mae'r wisg *Spiderman* yma mor dda dydy fy ffrindiau i ddim yn gwybod pwy ydw i. Dydyn nhw ddim yn siarad â fi. Dydyn nhw ddim eisiau dawnsio gyda fi . . . Dydw i ddim yn mwynhau'r parti yma. Dydw i ddim yn hoffi parti gwisg ffansi!

Dannedd!

Cymeriadau:
Tom, 12 oed
Sonia, 11 oed – chwaer Tom
Chris, 12 oed
Jason, 11 oed
Beirniad
Rex – ci *alsatian*

(Mae Tom, Sonia, a dau ffrind, Chris a Jason, yn siarad.)

Tom: Beth am ddod i Sioe'r Bont gyda Sonia a fi?

Chris: Pryd?

Sonia: Ym mis Awst – ar Ŵyl y Banc.

Jason: Ydych chi'n mynd i'r sioe bob blwyddyn?

Sonia: Ydyn. Mae Rex, y ci, yn cystadlu yn y sioe bob blwyddyn.

Tom: Llynedd, Rex oedd ci gorau'r Sioe.

Sonia: Mae e'n gi arbennig iawn!

(Mae Rex yn cyfarth.)

Chris: Beth fydd yn y Sioe?

Tom: Bydd band y pentref, ffair a llawer o stondinau.

Chris:	Ac anifeiliaid?
Sonia:	Bydd llawer o anifeiliaid yno – ceffylau . . . defaid . . .
	(Mae Rex yn cyfarth.)
Jason:	O ie . . . bydd cŵn yno hefyd, wrth gwrs!
Tom:	Hoffech chi ddod gyda ni, 'te?
Chris:	Wel, hoffwn i weld Rex yn ennill cwpan.
Jason:	Hoffwn i weld y stondinau a'r ffair hefyd!
Tom:	Grêt. Bydd hi'n hwyl!
	(Diwrnod y Sioe. Pabell y cŵn.)
Chris:	Rydw i'n meddwl bod Rex yn mynd i ennill heddiw – mae e'n edrych yn smart iawn.
Sonia:	Dyma'r beirniad yn dod. Aros yn llonydd, Rex.
Tom:	A dim cyfarth!
Chris:	Gwena, Rex, a dangosa dy ddannedd.
	(Mae'r beirniad yn sefyll wrth Rex.)
Beirniad:	Beth ydy enw'r *alsatian*?
Pawb:	Rex.
Beirniad:	Rhaid i mi edrych ar Rex yn ofalus . . . Dere yma . . . Agora dy geg.

*(Mae'r beirniad yn edrych ar ben Rex. Mae Rex
yn cyfarth ac yn cnoi coes y beirniad.)*

Beirniad: Ow! Y ci drwg! Paid! Ow! Owwwwwwwwwwww!

Tom: Aros yn llonydd, Rex!

Sonia: Paid Rex!

Beirniad: Ow! Paid, y ci drwg! Ow! Owwwwwwwwwwww!

Tom: Mae'n ddrwg gen i, ond . . .

Beirniad: Mae'r ci yna'n beryglus iawn!

(Mae'r beirniad yn mynd.)

Chris: Wel, fydd Rex ddim yn ennill cwpan heddiw.

Jason: Na fydd, ond rydw i'n gwybod un peth.

Tom: Mae dannedd Rex yn dda iawn – y dannedd gorau yn
y sioe, rydw i'n siŵr!